Heinrich Grimm

De hochdütsche Burndeern

Kummedi in dree Törns

AF239780

Herausgegeben von Sabine Kiel

In dieser Komödie in drei Akten geht es ums Heiraten und um das Vererben eines Bauern-
hofs.

Heinrich Grimm, geboren am 23. Februar 1880, war Bauer in Dangast und schrieb Gedichte
und dieses Theaterstück in drei Akten.

Das Manuskript lag bei den Feldpostbriefen meiner Großeltern. Meine Großmutter Anna
war die Tochter von Heinrich Grimm. *De hochdütsche Burndeern* wurde im Dorfkrug Dangast
aufgeführt. Meine Mutter, Enkelin von Heinrich Grimm, kann sich daran erinnern, denn die
ganze Familie war dazu eingeladen.

Als ich dieses Theaterstück zu lesen begann, war ich sofort gefesselt. Es ist so fröhlich und
der Text hat mich in meine Kindheit zurückversetzt, denn in meiner Familie wurde immer
Plattdeutsch gesprochen.

Die Herausgeberin

Heinrich Grimm

Das vorliegende Werk ist undatiert und dürfte um 1947 entstanden sein.

Das Nordseebad Dangast, Stadtteil von Varel, ist ein Kurort im Landkreis Friesland und liegt
am südwestlichen Jadebusen.

Die Herausgeberin Sabine Kiel, Urenkelin von Heinrich Grimm, 1960 geboren, lebt in
Hamburg.

Heinrich Grimm

De hochdütsche Burndeern

Kummedi in dree Törns

Mitspäler:

Jan Grashoff, Bur, 60 Johr olt.

Lena, sin Froo.

Marta, eenzig Kind van Familje Grashoff.

Anna, ole Jungfer, Süster to Jan Grashoff.

Gerd Kork, Grootknecht bie Grashoffs.

Stine, Grootdirn bie Grashoffs.

Hinnerk, lüttje Knecht, 17 Johr olt.

Greet, Lüttdirn, 17 Johr olt.

Friedrich Grashoff, junge Mann bie Grashoffs.

Bibliografische Information der Deutschen Nationalbibliothek: Die Deutsche Nationalbibliothek verzeichnet diese Publikation in der Deutschen Nationalbibliografie; detaillierte bibliografische Daten sind im Internet über http://dnb.dnb.de abrufbar.

Verlag: BoD · Books on Demand GmbH, Überseering 33, 22297 Hamburg, bod@bod.de

Druck: Libri Plureos GmbH, Friedensallee 273, 22763 Hamburg

ISBN: 978-3-7693-7716-3

Inhaltsverzeichnis

Törn I. 7

Törn II. 25

Törn III. 37

Wörterbuch 56

Törn I.

(Mutter Grashoff un Tant Anna sitt an'n Disch un sökt de Arfken ut; up'n Disch steiht 'ne Tasse un Brötchen dorbi.)

Mutter: Dat is jon'n herrlichen Maimorg'n, de Maidaag bringt us doch väl good's.

Anna: Och, wat bringt de woll good's, räk doch mal na Lena, Arfkensopp Surkohl, Bohnensopp Surkohl, Arfkensopp – har bold seggt Sniebohnen, man us Sniebohnensilo is jo all leer.

Mutter: Ja Anna, dat bringt de Tied nu mal so mit sick, Kakwore is knapp, man dat ward jo gau anners, wenn wi erst en Monat wieder sünd.

Anna: Sühst du woll, nu sehnst di uck all ut'n Mai herut!

Mutter: Och Anna, du dreist jo all üm, de Maidaag sünd för mi de schönsten Daag.

Anna: För mi de Winterdaag, mit Grönkohl un Pinkel.

Mutter: Denkst du denn ümmer bloß an Middagät'n? Denk doch an de Natur, dat junge Grön un wat singt de Vagels moje; ick sung am leevsten mit.

Anna: Denn sing' man nich to fröh, dor kann väl passeer'n, ehe de Arfkensopp gor is.

Mutter:	*(Geräusch achter de Bühne)* Dor kummt Vadder woll, hett noch gorkin Koffee drunk'n.
Anna:	De hett't ümmer drock! *(Mutter schenkt Koffee in, Vadder trett up.)*
Vadder:	*(Kummt upgeregt herin)* Dat serg ick jo Froonslü awer, nu is dat Fatt vull, nu loppt all äwer, so kann't nich wiedergahn, dor schal'n Änderung in un dat vandaag noch!
Mutter:	Herrjeh Vadder, fröhmorgens all so upgeregt?
Vadder:	Dor heff ick Ursak to!
Anna:	Du hest vanmorgen din link'n Strümp woll ümkehrt antag'n, dor gift meist Tied Arger na.
Vadder:	Du ümmer mit din dum'n Snack, hollst din Mul!
Anna:	Ick, ick serg uck jo rein nix nich.
Mutter:	Spräk di doch ut, wor hest di denn an argert?
Vadder:	Wor ick mi ümmer an argern do, an use hochdütsche Marta.
Anna:	Ha ha haaa, jo hochdütsche Pangschonsdochter.
Vadder:	Holl din Mul serg ick.
Anna:	Ick, ick serg uck jo rein nix nich!
Mutter:	Marta möt ümmer herhol'n, wat het se vanmorgen all verbrak'n?
Vadder:	Vanmorgen'n, du weeßt doch, wie wüllt Meß föhr'n up Kohlland.

Mutter:	Ja, dat weet ick!
Vadder:	Un du weeßt uck doch, dat ick morg'n nich lang'n lerg'n kann, ick möt d'r fröh herut un mi rög'n.
Mutter:	Leider deißt du dat!
Vadder:	Leider deißt du dat, nä, dat möt ick, dat is as Bur min Pflicht un Schülligkeit.
Mutter:	Dat kann man nehm as man will, nödig weer dat jo nich!
Anna:	Bröör Bröör din linke Strümp!
Vadder:	Holl din Mul serg ick!
Anna:	Ick, ick serg uck jo rein nix nich!
Mutter:	Vertell doch wieder.
Vadder:	De ol Jungfer let mi jo nich utsnacken!
Anna:	Ol Jungfer, ick serg uck doch jo rein nix nich.
Vadder:	Un so denk ick vanmorg'n, eher de Arbeiter kummt, kannst du jo all'n Föhr Meß upslan, denn kunnt jo, wenn Gerd de Päär anspannt har, furts vör vull losgahn.
Anna:	Geiht doch narrns drocker her, as in de Welt.
Vadder:	Du schast din dumm Mul hol'n!
Anna:	Min klook Mul uck?
Vadder:	Du verdreihte Jungfer makst mi noch rasend!

Anna:	Ick, ick serg doch jo rein nix nich!
Mutter:	Du schaßt Vadder snack'n lat'n!
Anna:	Ick, ick serg ----
Vadder:	*(Haut up'n Disch)* Nu swieg mi awer endlich still, anners flüggst rut!
Anna:	Fleeg'n kann ick nich!
Vadder:	Wullt du nu swieg'n, oder nich?
Anna:	Ick, ick serg doch jo rein nix nich!
Vadder:	Süh, do kummt Marta äwern Hoff un ick serg to ehr, kumm Marta, help mi ämp den Wag'n bi'n Meßfal schub'n un wat seggt de Dirn, nein Vater, an einen solchen Stinkhaufen geh' ich nicht so dicht heran, das vertragen meine Geruchsnerven nicht. Un nu frag ick jo, is dat'n Snack van'n erwass'n Burdirn?
Anna:	Ja ja, de het Bildung lehrt!
Vadder:	Holl du din ----
Anna:	*(ängstlich)* Ick, ick serg doch rein nix nich!
Mutter:	Och Vadder, dat het Marta man bloß so seggt, dat du morgens man nich gliek stahn deest to arbeit'n. Un denn, scharpe Gerüche het se as Kind all nich verdräg'n kunnt, dar har se do all ümmer Koppkehlt van.
Vadder:	Och wat scharpe Gerüche, Stinkhoop het se seggt. Nu frog ick jo, stinkt min Meßfal denn?
Anna:	All wat ut de Meßeldör rutschab'n ward, dat stinkt!

Mutter:	Dat is man half so schlimm Anna, awer rük'n deit so'n Meßfal doch.
Vadder:	Rük'n, rük'n, stink'n het se seggt, un ick serg, stink'n deit min Meß äwerhopt nich, min Meß is Edelmeß, rük'n deit de bloß, wenn'e anstäk'n ward, awer de rückt genau so, as wenn de Bäcker Brot ut'n Aamb treckt!
Anna:	Ha haaa, Bror Jan backt Brot in'n Meßfal!
Vadder:	Du büst'n ole verdreihte Jungfer, du snackst nich mehr mit.
Anna:	Ick, ick serg jo uck rein nix nich.
Mutter:	Sováļ is gewiß, schlechte Absichten het Marta dor nich bi hatt, de hett di bloß van'ne Arbeit affhol'n wullt.
Vadder:	So, möt'n Burdirn dat denn doon?
Mutter:	Vadder, du büst doch 60 Johr olt!
Vadder:	So, wenn se dor an denk'n schull, denn liggt doch bloß an ehr dat ick Ruh krieg'.
Mutter:	Wieso?
Vadder:	Se kunn jo man sehn, dat se sick mit'n Bur verheirat'n dee, dat ward doch Tied, se is 22 Johr olt, denn kun'n wi us upt Ol'ndeel torürgtreck'n.
Mutter:	Dat weer natürlich dat Beste.
Anna:	De heirat kin'n Bur!
Mutter:	Worüm nich?
Anna:	Se is in de Stadtpangschon bät'n verdreiht wurd'n.

Vadder:	Dor het Anna mal recht an, de Dirn is jo mall wurd'n, is nu all twee Monat weller to Hus un het noch kin Wurt plattdütsch snackt, ümmer schier Messing; ick will dat nich mehr hörn, hier up'n Hoff is ümmer plattdütsch snackt wurd'n un dat schall uck so blieb'n.
Mutter:	Ja, dat is nu so'n Stück van ehr!
Anna:	Dirns mit Stück'n un stäsche Peer, scheer ick äwer en'n Kamm!
Vadder:	Dat do ick uck!
Mutter:	Marta is nich stäsch, de arbeit good. Du hest vör'n poor Daag noch sülms seggt Vadder, dat se ehrn Kalwerstall so in Ordnung har.
Vadder:	Dat stimmt uck, wat wohr is, schall uck wohr blieb'n. Awer of se'n Bur heirat'n will, is woll'n groode Frag'.
Anna:	Wer van de hohe Stadtbildung belickt is, heirat kin'n Bur mehr.
Vadder:	Dat mööt se äwer un dat schall se uck, dat is doch de eenzige Möglichkeit, dat de Hoff in us Familje blifft, Marta is doch us eenzig Kind.
Mutter:	Dor känt wi nix an doon, wi möt de Tied afflur'n, wo sick dat gestalt'n deit.
Anna:	Ji snackt ümmer, as wenn't anners gorkin Fall geef, den Hoff in use Familje to hol'n!
Vadder un Mutter:	*(tohop)* Dat gift uck nich!
Anna:	Ick bün uck doch dor!
Vadder:	Wat wullt dormit serg'n?
Anna:	Verarw denn Hoff doch up een van min Jungs!

Vadder un Mutter: *(tohop)* Hest du denn Kinner?

Anna: Nä, noch nich!

Vadder: Hest du den'n Mann?

Anna: Nä, noch nich! Man denn kann'k jo gau krieg'n, wenn'k will!

Vadder: *(Vadder un Mutter lacht)*
Wann du uck woll us Nestkük'n wän büst Anna un 17 Johr jünger
büst as ick, dorüm büst nu doch uck all 43 Johr!

Anna: Na, is dat den'n Öller?

Mutter: To'n heirat'n ja!

Vadder: Glööfst du denn, wenn du uck morg'n in'n Dag heirat'n deist, dat
du ol Schildkröt noch Kinner in'ne Welt sett'n kannst?

Anna: Ha, kann woll noch dreemol Mutter weern, un wenn dat jedesmal
Twillings sünd, is dat'n halwe Dutz un dor schall doch woll een
Arwhoffbur bi wän.
(Vadder un Mutter lacht)

Mutter: Anna büst du denn rein verdreiht?

Vadder: Dat sünd ole Jungferschrull'n, total verrückt!

Anna: Jüs so verrückt, as jo hochdütsche Dochter, de schall woll bold mit'n
Stadtbengel ankam'n!

Vadder: Dat deit se nich, dor heff ick vör sorgt!

Mutter: Du vör sorgt Vadder, wat heet dat?

Vadder: Ick heff'n Brögam för ehr!

Mutter:	Nä sowatt, wer denn?
Vadder:	Us'n Grootknecht Gerd!
Anna:	To'n kranklach'n, *(klappt de Han'n tohop un lacht)* o o, min klook'n Janbrör!
Mutter:	Is dat din Eernst Vadder?
Vadder:	Ja säk'r, is Gerd kin fix'n Bur, kunn de Dirn woll'n bätern Mann krieg'n?
Anna:	Het jo kin Bildung noog!
Mutter:	Dat is'n dum'm Snack, Gerd het Bildung genoog un dat hen fix'n gewissenhaften Bur is, dat het he in de 10 Johr bewies'n de he hier up'n Hoff is, awer, -- awer?
Vadder:	Wat awer?
Mutter:	He is doch mit use Grootdirn Stine versprak'n!
Anna:	All twee Johr!
Vadder:	Dat is woll nich so wichtig; Gerd het mi toseggt, dat he d'r vanvör- middag mit Marta äwer spräk'n wull.
Mutter:	Vadder, Vadder, dat nimmt wegen Stine kin good En'n!
Vadder:	Och wat, papperlapapp, Stine is'n fixe Dirn, de schall anners woll'n Brögam weller krieg'n!
Mutter:	So, un Marta meenst du, kann anners kin krieg'n?

Vadder:	Och wat, kin krieg'n, kin krieg'n, olt genoog is se wohrhaftig all wurd'n. Up'n Bur kummt mi dat an, ick will weet'n, wat ick för'n Naafolger up'n Hoff krieg.
Mutter:	Un ick serg, heirat'n is'n Hartenssaak, twee junge Lüü tohopsnacken het noch sinleew nich good daan.
Anna:	Ick seh denn Has all lop'n! *(Bi de letzten Wöör trett Hinnerk up.)*
Vadder:	Wat gift?
Hinnerk:	Gerd schickt mi Bur, ick schull frog'n, of ick glieks hengahn schull to Meßstreen? *(Bi disse Wöör is Greet uptren un flüstert mit de Froo.)*
Vadder:	Nä, dor kannst du na Middag hengahn un denn geiht Greet furts mit *(kickt na Greet)* süh, dor is se jo.
Hinnerk:	Jowoll Bur!
Vadder:	Ick serg jo awer, makt goode Arbeit, nich all bi Hull'n hensmit'n, de Fork'nstehl mütt ümmer gahn wi'n Lammersteert.
Hinnerk un Greet:	Jawoll Bur!
Vadder:	Nu sergt mal ji beid'n, brutjet ji all tohop?
Hinnerk un Greet:	Nä Bur!
Vadder:	Na, ick heff jo güsternabend beobacht, do seet'n ji dicht tohop up de Bank un deen mit'n ander, as wenn ji Brut un Brögam weern!
Hinnerk:	Nä Bur, ick weet gornich, wo'n Brut un Brögam deit!
Greet:	Wi deit denn woll so'n Brut un Brögam?

Vadder:	Ji Krupptüch, dat schält ji woll weet'n, worüm har'n ji jo Mulwark denn so dicht tohop, na Greet?
Greet:	Och Bur, ick wull jo bloß mit min Lipp'n toföhl'n, of Hinnerk de Bort woll all wass'n dee!
Vadder:	So so, un wat wullst du Hinnerk?
Hinnerk:	Iick ick, -- ick wull jo bloß toschmeck'n, of Greet woll bi'n Hönnig-pott snobt har!
Vadder:	Na nu, -- har se snobt?
Hinnerk:	Ick weet nich Bur, sööt schmeck'n deet jo!
Vadder:	Rut ji Rasselban'n! *(beide aff in'n tripp trapp)* Söcke Burschen, känt ämb äwern Tun kiek'n un hebbt wohrhaftig all Freeeree in'n Kopp.
Anna:	Ha haaa, Melkkalwer haut in'n Steert! *(bi de Wöör trett Marta up)*
Marta:	Was gibt es hier eigentlich, ihr redet und redet immer, ist was besonderes vorgefallen?
Mutter:	Di hefft de Ohr'n woll klung'n Marta?
Marta:	Wieso, warum?
Mutter:	Vadder het sick äwer di beklagt, du harst em denn Wag'n nich bi'n Meßfal help'n wullt!
Marta:	Ach Vater, darüber bist du grantig, das wollte ich ja nur nicht, du solltest da nicht schon um 6 Uhr morgens stehn und Dünger aufladen, da lachen die Leute ja über.

Vadder:	So so, dor lacht de Lüü äwer, man wo se äwer di lacht, dat weeßt woll nich, wa?
Marta:	Nein, das wüßte ich wirklich nicht!
Vadder:	De lacht äwer din ol hochdütsch quasseln!
Marta:	Ach so, das meinst du, na Vater, darüber laß sie doch lachen, dann lachen sie ja über ihre eigene Dummheit.
Vadder:	So, denn meenst du, all de plattdütsch snackt sünd dumm!
Marta:	Nein nein Vater, auf keinen Fall, ich meine ja nur, wer darüber lacht, wenn ein anderer etwas dazu lernen will, das ist Dummheit.
Vadder:	Ick serg, wi möt use plattdütsche Moodersprak hoch hol'n.
Marta:	Das will ich doch auch!
Vadder:	Denn wullt du nich ümmer hochdütsch snack'n?
Marta:	Ich, woher denn, ich will so lange hochdeutsch sprechen, bis mir das Hochdeutsche gerade so leichtsprachig ist, wie das Plattdeutsche, ist doch ja möglich, daß ich mal einen hochdeutschen Mann heirate.
Anna:	Ich seh denn Has all lop'n.
Vadder:	Holl du din Mul!
Anna:	Ick, ick serg uck jo rein nix nich!
Vadder:	En'n Hochdütschen heirat's du nich min Dirn, dor sorg ick vör, du schaßt'n plattdütschen Bur heirat'n de hier min Nafolger weern'n kann.
Marta:	Wäre auch garnicht abgeneigt!

Vadder:	Gott sei dank, denn magt jo woll noch'n good En'n nehm'n.
Marta:	Vater, damit du es richtig verstehst, es wird mir einerlei sein, ob mein Zukünftiger Beamter, Handwerker oder Bauer ist, ich heirate nur den, den ich liebe!
Mutter:	Dat is recht!
Anna:	Dumm Tüch!
Vadder:	Na, denn heff ick'n Brögam för di, ick weet bestimmt, dat du'n lien magst.
Marta:	Da bin ich neugierig, wer das sein könnte.
Vadder:	Us'n Grootknecht Gerd!
Marta:	Vater nein sowas.
Vadder:	Denn magst du doch lien!
Marta:	Das wohl, aber ich liebe Gerd doch nur, wie ich meinen älteren Bruder lieben würde, das langt doch nicht für eine Eheliebe.
Mutter:	Dat is recht.
Anna:	Dumm Tüch.
Vadder:	De Eheliebe seggst du uck, de kummt van sülms, wenn ji erst verheirat sünd.
Anna:	So denk ick uck.
Marta:	Das ist je unmöglich Vater, Gerd ist doch mit Stine versprochen.
Vadder:	Gerd het mi awer versprak'n, he wull d'r mit di äwer snacken.

Marta:	Das kann ich nie glauben, daß Gerd so wendisch ist.
Vadder:	Gerd is'n recht'n Bur, dat erklärt all'ns.
Marta:	Ich könnte Gerd aber auch nicht heirat'n, weil mir sein Name zu ulkig ist.
Vadder:	Wat seggst du, is Gerd kin good'n Nam?
Marta:	Gerd wohl, das ist ja ein alter deutscher Name, aber der Familienname paßt mir nicht, dann würde ich ja Frau Kork! *(lacht)*
Vadder:	Kork is uck'n good'n Nam!
Marta:	Nein nein, das ist mir zu ulkig!
Anna:	So'n Familjennam kann uck ändert weer'n.
Marta:	Was kann man da an ändern, Kork ist Kork!
Anna:	Dat is nich wohr, för Kork kann man uck Propp serg'n!
Marta:	Das klingt ja noch komischer!
Anna:	Denn ändert doch üm in Stöpsel, dat klingt jo binah hochdütsch. Froo Stöpsel lütt doch good!
Vadder:	Nu holt awer up mit jo Dummheit'n. Schäm'n schull'n ji jo wat. Nam van'n good'n ehrlich'n Minsch so tu verulk'n. So Marta, ick gah nu furts hen un serg Gerd bescheed, dat he rinn kummt un mit di snackt, lähnst du si'n Andrag af, ward Gerd hier trotzdem Bur, den verhür ick em to'n nächsten Harst de ganze Stell, ick will Ruh hebb'n. *(Vadder ab)*
Anna:	Ja ja, Verstand kummt mit Johr'n.

Marta:	Ach Tante Anna, laß doch deine Witze.
Anna:	Ick, ick serg uck jo rein nix nich.
Marta:	Mutter, du hast ja noch nichts dazu gesagt, wie denkst du darüber?
Mutter:	Wo ick doräwer denk, – Ick denk, wenn Gerd sin Wurt Stine gegen-äwer bräk'n deit üm di tö heirat'n, heirat he bloß denn Hoff un denn is Gerd in min'n Og'n man'n schlechten Minsch. Awer so wie ick Gerd kenn, glöw ick dat noch nich.
Marta:	Ich auch ja nicht und heiraten will ich Gerd auf keinen Fall.
Mutter:	Am best'n is, du spreckst di mit Gerd ut un denn do dat, wat din Hart di seggt. *(ab)*
Marta:	Tante Anna, was meinst du, sollte Gerd wirklich die Absicht haben, mir seine Hand anzutragen?
Anna:	Awer säker doch!
Marta:	Das wäre aber dumm!
Anna:	Dumm, nä, dat weer klook, du kennst de Mannslüd nich Marta, Gerd weer jo'n Narr, wenn he nich togreep. He ward sick bedank'n, mit Stine to siedeln, wenn he sick hier in so'n schön'n Hoff rinhei-rat'n kann.
Marta:	Wenn Gerd mir einen Antrag macht, kann ich nicht mehr mit ihm unter einem Dache leben, dann geh ich wieder aus dem Hause.
Anna:	Wullt du em denn würklich nich hebb'n?
Marta:	Nein nein Tante Anna, auf keinen Fall, ich liebe ihn nicht.

Anna:	Denn gah man rut, he schall woll glieks kam'n, denn will ick seh'n, off ick't em nich ut'n Kopp snack'n kann.
Marta:	Du liebe Tante Anna!
Anna:	Wenn't awer nix nütz'n deit, möß du herkam'n, gah man nich to wit weg. *(Geräusch achter de Bühn)* Hör, he kummt woll all.
Marta:	Mach' es gut Tante! *(Ab)* *(Gerd kummt rinn)*
Gerd:	Goodenmorg'n Tant' Anna!
Anna:	Süh, morg'n Gerd, wullt'n Tass' Koffee drink'n?
Gerd:	Nä nä, ick dachd Marta weer hier, dor har'k geern mal mit snackt!
Anna:	Wullt ehr woll'n Heiratsandrag mak'n, wa?
Gerd:	Wo kummst dor up?
Anna:	Verstell di doch nich Gerd, min Brood'r het't doch seggt, dat du em versprak'n harst, Marta to heirat'n.
Gerd:	So so, dat het'd seggt.
Anna:	Ick kann dat jo verstahn Gerd, dat du di hier geern rinnheirat'n wullt, awer dat mößt du schlauer anfang'n.
Gerd:	So so!
Anna:	Sieh Gerd, Marta nimmt di nich, de will 'n hochdütsch'n Stadtherrn hebb'n.
Gerd:	So so!

Anna:	Du Gerd, ick hol väl van di, un wenn Marta nu'n Hochdütsch'n heirat, krieg ick denn Hoff un dorüm heirat du mi, Gerd *(Anna will em äwer de Back strak'n, Gerd wikt ut)*
Gerd:	So so, dor schall't rut gahn, nä nä Tant Anna, du büst mi doch to olt.
Anna:	To olt? --- Du büst doch 29 un ick 43 Johr, ick meen Gerd, dat paßt jüs good tosam'n.
Gerd:	Na, de Ünnerscheed is doch'n bät'n grood.
Anna:	Gerd, een Johr wieder, denn schält jo binah nix mer, denn büst du uck all dartig.
Gerd:	*(lacht)* Denn büst du doch uck'n Johr öller.
Anna:	Och Gerd, du büst denn doch in'n ander Johrtein rinn kam'n, süh, wo lang'n dürt dat noch, at ick in'n ander Johrtein rinnkam. Süh, van diss'n Standpunkt möß du dat betrachten, un wenn du dat deist, is twüschen us Beid'n gorkin Öllersünnerscheed.
Gerd:	*(lacht)* Du büst'n ol'n Spaßmak'r ümmer wän Tant Anna un bliffst uck. Serg, wullt du Marta rinnrop'n oder nich.
Anna:	Och du Dummbort, stößt din Glück mit Fööt'n, büst jo dummer as dumm, büst'n Narrnkopp *(roppt ut de Dör)* Marta! *(Ab)* *(Marta kummt rinn)*
Marta:	Guten Morgen Gerd!
Gerd:	Morg'n Marta!
Marta:	Hättest du mir etwas zu sagen Gerd?
Gerd:	Ja Marta, ick wull mit di snack'n, dat ji kine falsche Meenung van mi kriegt, un nu hör ick vörhen van Tant Anna, dat dat woll de höchste

Tiet is, di uptoklär'n. Süh, de Saak is so Marta, din Vadder liggt mi all de ganze Wäk in'ne Ohr'n, ick schall di heirat'n. Nu weet ick jo awer in'n Vörut, dat du dat nich deist, wenn wie us uck good to lien hefft, so binah, as wenn wie Geschwister weer'n.

Marta: Das ist wahr Gerd.

Gerd: Awer dor kann uck jo all nix van weer'n, wil Stine un ick doch heirat'n willt. Hefft us doch jo lang'n versprak'n.

Marta: Das weiß ich doch Gerd, aber Tante Anna meinte, es käme dir nur auf den Hof an, du würdest mit beiden Händen zugreifen und mich heiraten wollen.

Gerd: Och Tant Anna, de het nu vörhen --- na, will d'r nix van serg'n, wat Tant Anna seggt, möß nich to väl van glöw'n.

Marta: Das merke ich aber auch.

Gerd: Na süh Marta, ick wull jo bloß Ruh hebb'n van din Vadder, dorüm bün ick em jo bloß to Will'n un heff em toseggt, ick wull d'r mit di äwer snack'n.

Marta: Das ist auch recht Gerd, nun ist man doch im Bilde.

Gerd: Ick heff jo nie un nimmer doran dachd, Stine untrö to weern, dat is doch min een un all'ns, wi wööt nächst'n Fröhjohr doch Hochtiet mak'n.

Marta: Das ist ja schön. *(Gibt Gerd die Hand)* Herzlichen Glückwunsch, lieber Gerd! *(bi dat Wurt „lieber Gerd" kummt Stine rup loop'n un geiht na Marta ran, is ganz upgeregt)*

Stine: So lieber Gerd seggst du, denn sünd ji beid'n woll enig wurd'n *(schreet)* du falsche Dirn, nimmst mi min'n Gerd weg, dat har'k nich van di dachd.

Marta:	Aber Stine, höre doch!
Stine:	Nix will'k van di hör'n! *(wennt sick an Gerd)* Un du büst uck so'n falsch'n Hund, grood'n Lägner büst'd, oln Hoffjäger büst'd.
Gerd:	Stine, lat di doch serg'n.
Stine:	Nix will ick mehr hör'n *(schreet)*. Dat krieg ick nich up, dor kann ick nich mit leb'n, ick sup mi aff in'n Porg'ndiek. *(Loppt bi de Siet rut, Gerd ehr achter na)*
Gerd:	Stine, Stine.
Marta:	*(Loppt uck achterna)* Mädchen, Stine, hör doch.
Hinnerk:	*(kummt van de anner Siet queer äwer de Bühn' loop'n un roppt dorbi)* Wenn Stine man kin Porg in'n Hals kriegt!

(V ö r h a n g   r ü n n e r)

24

(Vadder un Mutter sitt an'n Disch un drinkt Tee.)

Vadder: O disse Schreck, dor bün'k rein flau van in de Knak'n wurd'n.

Mutter: Dat kann'k di naföhl'n, kum drink man erst'n Tass Tee *(Deit em Tee in)*

Vadder: Danke, -- wat har dat för'n Mallör weer'n kunt.

Mutter: Dat serg man Vadder, dor harst du bold 'ne swore Dracht to dräg'n kräg'n.

Vadder: Wer denkt denn glieks an sowatt.

Mutter: Ick heff di't jo vörher seggt, dat dat weg'n Stine kin good En'n nehm, heirat'n is 'ne heikle Saak, dor schall man sin Näs nich twüschen stäk'n.

Vadder: Kunn ick denn denk'n, dat de Dirn dor gliek so upgeregt äwer wurd, denn schußt mi dat vörher mehr ut'n Kopp snackt hebb'n.

Mutter: Dat seggst du nu, wenn't to laat is, man vörher sett'st din Dickkopp up; du giffst jo eher nich na, bett'd din Lehrgeld betaalt hest. In Tokunft makst du sowatt woll nich weller.

Vadder: Ick, -- sin Leew un Daag mak ick kin Heiratspläne weller, dat hebb ick begräp'n; wenn't Glück nu bloß so groot is, dat't doch nich noch ernste Folg'n het.

Mutter: Dat glöw ick nich, väl Water kann se jo gornich slaak'n hebb'n, Hinnerk weer jo fix bi de Hand.

Vadder:	Ja, denn Jung bün'k ewig dankbar.
Mutter:	Dor hest uck alle Ursak to!
Vadder:	Ick kann bloß nich begriep'n, wo de Jung so flink an'n Platz wän kunn.
Mutter:	Datsülwige heff ick uck toerst dachd, ick weet nu awer Bescheed, ick heff em fragt.
Vadder:	Na un?
Mutter:	Du harst em doch seggt, he schull Gerd aflös'n bi't Meßföhr'n.
Vadder:	Ja eb'n, dorüm kunn he doch nich so flink bin Prog'ndiek wän.
Mutter:	Hör doch to, süh, dat het he uck daan, een Tour seggt he har'e makt. Do weer Stine ankam'n un har em fragt, worüm Gerd nich föhr'n de, wor de bläb'n weer. Gerd har he seggt, de is in'n Hus rinngahn, wull wat mit Marta beschnack'n. O jeh! Har Stine seggt un weer in'n Draaf in'n Binnerend' rinnlop'n. Na un Hinnerk, so schlackzig un neegierig he noch is, bind de Lien in't Rad un loppt ehr achterna un het denn vör de Dör stahn to lustern. Dorüm weer he so flink bi'n Prog'diek. Süh, un so is he Stine furts nasprung'n, swem'n kann he jo wi'n Fisch.
Vadder:	Denn har de Jung eegentlich jo'n Rüge verdeent, let de Peer dor man so stahn, -- nä, dat het so wän schullt, ick stah bi em in Schuld, so lang' ick leew. *(bi de letzten Wöör is Tant Anna rinnkam'n)*
Anna:	Na, denn wullt du woll vör em de Rettungsmedallje beandrag'n.
Vadder:	Dat is möglich, verdeent het he se.

Anna:	Verdeent, loppt enfach bi de Arbeit weg, denn müß de Rettungsme-dallje achter de Ohr'n haut weer'n.
Mutter:	Büst du mall Anna, harst du denn leewer sehn, dat Stine affdrunk'n weer?
Anna:	Dat nu jüs nich, man de schull woll sülms fröh genoog weller rut-kränelt wän.
Mutter:	Dat har se eb'n nich kunnt!
Anna:	Meent ji denn, dat de sick eernstlich affsup'n wullt het? De het jo bloß bang'n mak'n wullt.
Vadder:	Wenn se dat wullt har, weer se woll nich up de steile Siet rinn-sprung'n, up de Siet het de Diek äw'rhopt kin Grund.
Anna:	Denn harst du se doch weller ruthal'n schullt!
Vadder:	Ick kann doch nich swem'n!
Anna:	Na ick denk, du harst d'r ehr rinbabbelt, harst d'r ehr uck weller rut-babbeln kunnt.
Mutter:	Sünd jo dumme Snack Anna!
Vadder:	Ja, dat serg ick uck!
Anna:	Na, du büst doch sinnig'r wurd'n Jan, du seggst jo gornich mehr, Holl din Mul!
Vadder:	Weer uck bät'r, wenn dat deest. Dor Witze äwer mak'n, wor ick mi mit Vörwürfe quäln do, dat paßt mi nich.
Anna:	Na Jan, mak di man nich to väl Vörwürfe; wenn all de Dirns in't Waat'r gahn wulln, de de Brögam untrö wurd, denn geeft de halb'n

Dirns man; denn har ick mit 17 Johr all in'n Porg'ndiek swabbelt un
naher noch säb'n mal weller.

Mutter: Stine is mi äwer eb'n anders veranlagt as du Anna, ick begrieb ehre
Vertwieflung woll.

Anna: Ick nich, ick gah leewer in't Kino, as in'n Porg'ndiek.

Mutter: *(lacht)* Du büst'n Snackerwatt.
(Marta is rinkam'n)

Marta: So, der Doktor ist wieder fort.

Mutter: Wat het he denn seggt?

Marta: Wäre nichts Beunruhigendes, das Meiste wäre Aufregung; sie hat
ein Schlafpulver gekriegt; müßte heute schlafen und ruhen; morgen-
früh könnte sie wieder wie gewöhnlich aufstehen.

Vadder: Gott sei Dank! Nu weer 'k doch etwas bät'r to Moot.

Anna: Anders nehmt ji doch all dree'n Slaappulver!

Marta: Warum das denn Tante Anna?

Anna: O ick meen man, van weg'n de Upgeregtheit.

Mutter: Nä ne Anna, wi kamt d'r so uck woll weller dör.

Anna: So, denn will'k man na de Arfkensopp kiek'n, mi treckt son senge-
rig'n Geruch in de Näs *(geiht weg, dreiht sick noch mal weller üm)* Kann
jo wän, dat de Arfkensopp uck upgeregt wurd'n is. *(Ab)*

Vadder: Na, denn is Stine jo woll ganz uter Gefohr.

Marta: Das ist sie sicher Vater.

Mutter:	Hest du ehr denn all upklärt, dat Gerd ehr gornich untrö wurd'n is un gornich de Absicht hatt het, di to heirat'n.
Marta:	Nein Mutter, ich denke, das mache ich wenn sie ausgeschlafen hat, dann ist sie ruhiger.
Mutter:	Dor hest recht an, schal woll bät'r wän.
Vadder:	Wenn se dat man glööw'n will?
Marta:	Ach, das werde ich ihr schon beibringen, die wird schon wieder Vernunft annehmen.
Mutter:	Dat denk ick uck; wat man sick wünscht, glööwt man uck.
Vadder:	Denn wööt wi d'r man nich mehr äwer snack'n.
Marta:	Dann geh' ich wieder hin, will mal sehen, ob sie schon schläft.
Mutter:	Dat doo, hol di vandaag man ümmer in ehre Nähe up.
Marta:	Kannst dich auf mich verlassen, Mutter. *(Ab.)*
Vadder:	Hest dor vandaag woll all an dachd Mutter, dat us nee junge Mann hüte kam'n will?
Mutter:	Wohrhaftig stimmt jo, dat heff ick äwer denn andern Kram rein vergät'n.
Vadder:	Vör Mittag kummt he jo doch nich, dat is jo'n goode Reis' van Holsteen her.
Mutter:	Dat is woll so wat, na, sin Kamer un Bett sünd in Ordnung.
Vadder:	Denn kann he jeder Tiet kam'n. Hopentlich hefft wi'n good'n Griff daan.

Mutter:	Na ick denk, watt he ingahn is, hollt'd uck jo sach.
Vadder:	Bedingung is jo, jede Arbeit verstahn, jede Arbeit mit verricht'n un plattdütsch snack'n.
Mutter:	Dat schall he as Holsteener woll kän'n.
Vadder:	Mi kummt bloß merkwürdig vör, dat wi nichmal sin'n Nam kennt.
Mutter:	Wat is dat, weeßt nich mal wi he heet?
Vadder:	Nä, dat Inserat weer doch van'n Rechtsanwalt ünnerteekt, de för sin'n Neff'n Stell sök'n dee. Dorup heff ick jo henschräb'n un mine Bedingung'n klor leggt. Doruphen kreg ick uck glieks weller Naricht und dorin schrift de Kirl, sin Neffe weer mit sämtlich'n Bedingung'n inverstahn un würd denn so as vandaag kam'n. Schrift awer nich, wi de junge Mann heet.
Mutter:	Dat is doch jo recht sünderlich, kann doch woll nicks besünders be-düen, dat'n Verbräker is. *(Dat kloppt an de Dör)*
Vadder:	Herein! *(Friedrich kummt rin)*
Friedrich:	Good'n Dag!
Vadder:	Uck good'n Dag!
Friedrich:	Bün ick hier recht bi Bur Jan Grashoff?
Vadder:	Dat bün ick!
Friedrich:	Ick bün de nee junge Mann!
Vadder:	So so, dat is jo moje, nehm'n se bitte Platz, wi drinkt jüs Tee. *(Friedrich sett sick)*

Friedrich:	Danke, ick bün so free.
	(Mutter schenkt em Tee in)
Mutter:	Bitte!
Friedrich:	Danke danke!
Vadder:	Wi dachd'n, se kem'n vannamiddag erst, kamt se vandaag all ganz van Holsteen?
Friedrich:	Nä, van Holsteen bün ick güstern all afföhrt, ick bün letzte Nacht in Olnborg wän, dor heff ick'n Studienkolleeg besöcht!
Vadder:	Wat, Studienkolleeg besöcht, hefft se denn studiert?
Friedrich:	Ja, ick heff so'n bät'n Landwirtschaft studiert.
Vadder:	Denn hefft se am En'n woll ehr'n Doktor makt?
Friedrich:	Nä nä, so wiet heff'k nich brocht, bloß Diplomlandwirt!
Vadder:	Un denn willt se arbeit'n?
Friedrich:	Dat har'k stark vör.
Vadder:	Hör'n se mal, ick will ehr mal vertell'n, wor ick'n Diplomlandwirt mit vergliek.
Friedrich:	Ick hör!
Vadder:	Denn vergliek ick mit'n Runkelröw, de sömmers in't Spill schütt; de will ümmer na bab'n, waßt langhalsig herut, bleiht un dreggt Saat. Man wenn man denn in'n Harst arnt'n deit, is't all Schied. De Röw is holzig un dat Saat het kin Karn, verstaht se, wat ick dormit meen?

Friedrich:	Jawoll verstah ick dat. Se meent, en Bur, de d'r wat lehrt het, is för pracktische Arbeit verdurb'n.
Vadder:	Jüs, dat meen ick.
Friedrich:	Ick will ehr uck mal wat serg'n Bur Grashoff, ehre Bedingungen de se stellt hefft, erfüll ick vull un ganz. Sehn se mal, min Vadder is uck Bur un ick heff bet to min'n 20. Lebensjohr to Hus mit arbeit. Nu heff ick awer noch een'n Bror, de Hoffarw ward. Süh, do meende min Vadder, ick schull man studeern, denn kun ick naher Lehrer weern an'n Landwirtschaftsschool. Dat bün ick nu uck twee Johr wän un mit Erfolg wän, se känt min Tügnisse jeder Tied inkiek'n. Man do heff ick't togeb'n, ick har to de Paukere kin Moot, ick mööt min Glieder rög'n kän'n. Ick mööt arbeit'n, ick mööt sweet'n, süh, un dorüm bün ick hier.
Vadder:	Na, dat klingt jo ganz vernünftig.
Friedrich:	Ick glöw uck Bur Grashoff, se känt ahne Bedenk'n mit mi versök'n.
Vadder:	Ja ja, so heff ick dat nu uck jo nich meent, selbstverständlich blieft se hier. Awer nu serg'n se mi endlich mal, wi er Nam is?
Friedrich:	*(Verwunnert)* Wat, min Nam? Het min Unkel Rechtsanwalt ehr denn nich mitdeelt?
Vadder:	Nä, dat möt'd woll vergät'n hebb'n.
Friedrich:	Nä nä, vergät'n deit de nix. Dat hett he woll mit Absicht makt. He is'n ol'n Quant, ick heet nämlich ok Grashoff, Friedrich Grashoff!
Vadder un Mutter:	*(Verwunnert)* Wo kannt angahn.
Vadder:	Wo kamt se bi diss'n Nam?

Friedrich:	*(lacht)* Na Grashoff, jüs so wi se uck, wil min Vadder Grashoff heet'n deit!
Vadder:	*(lacht)* Ja ja, is jo'n dumme Frag', man so'n komisch tosam'ndrap'n is't doch. Töfers --- Grashoff ut Hollsteen --- *(denkt na)* ---
Friedrich:	Min Unk'l het mi noch seggt, min Ur-Ur-Grootvader weer ut disse Gegend gebürtig wän. Ick schull mi mol erkundigen, of de van diss'n Hoff kam'n weer.
Vadder:	Ja ja, dor denk ick jo jüs äwer naa, en Bror van min'n Urgrootvader, is in Stellung gahn na Hollsteen un het dor in'n grood'n Hoff rinheirat, un dor hört se too?
Friedrich:	Dat is min Familje.
Vadder:	Junge Junge, denn sünd wi jo verwandt mit'n ander, denn büst du jo gewissermaßen min Neffe un ick bün din Unk'l, denn möt wi jo du ton ander serg'n; denn will'k di doch erst richtig de Hand geb'n, *(geft sick de Hand)* good'n Dag, good'n Dag Neffe Friedrich!
Friedrich:	Good'n Dag, Unk'l Jan!
Vadder:	So is't rech, süh, dat is min Froo, dat is nu din Tant Lena!
Mutter:	*(Gift Friedrich de Hand)* Willkam'n Friedrich!
Friedrich:	Danke Tant Lena!
Vadder:	Junge, dat schall awer'n schön tosam'narbeit'n mit us weern!
Friedrich:	Dat hap ick uck! *(Tant Anna und Marta kamt rin)*

Vadder:	Süh, ji kamt jüs rech, kann'k ji glieks bekannt mak'n; ditt is min Neffe Friedrich Grashoff, dat is min Süster Anna un hier min Dochter Marta.
Marta:	Danke sehr!
Anna:	Wat, wat is dat?
Friedrich:	*(Gift her de Hand)* Good'n Dag Tant Anna, good'n Dag Kusine Marta.
Anna:	Püssert d'r vandag noch Wunder?
Marta:	Das begreife ich auch nicht. *(de andern dree lacht)*
Anna:	Dat is vandaag jo'n merkwürdig'n Dag.
Vadder:	Dat is't uck, ditt is us nee junge Mann ut Hollsteen un en wietlüftigen Verwandten van us.
Marta:	Das ist ja herrlich, ein neuer Vetter!
Anna:	Jan Jan, ick heft jo gliek seggt vanmorg'n, harst denn link'n Strümp umkehrt antag'n.
Vadder:	Denn bedütt dat doch nich bloß Mallör.
Anna:	Dat is jo noch nich rut.
Vadder:	Möß di nix bi denk'n Friedrich, Tant Ann het Oljungferschrulln, de orakelt geern bät'n.
Friedrich:	*(lacht)* Dat makt nich, lach'n do ick geern.
Marta:	Das ist recht Friedrich, dann werden wir uns schon gut verstehen.

Friedrich:	Dat freit mi Marta. Man dor fallt mi jüs in Unkel Jan, du hest doch schräb'n, ji sprok'n hier up'n Hoff all plattdütsch un nu hör ick, Marta spreckt hochdütsch.
Vadder:	Ja, dat is mal'n Utnahm, Marta is in'n städtsche Pangschon wän, un sietdem, dat sünd ne all twee Monat, schnackt se bloß hochdütsch, se meent, se kriegt'n hochdütschen Mann.
Marta:	Das ist garnicht wahr Vater, ich habe nur gesagt, ich wollte das Hochdeutsche fließend sprechen lernen.
Anna:	Nu lach doch Friedrich, du lachst jo geern.
Friedrich:	Dor is nix to lach'n bi, dat is ganz vernünftig.
Marta:	Hörst du es wohl Vater, jetzt ist hier doch einer, der mir zustimmt.
Vadder:	Dat wundert mi nich, Friedrich hett jo studeert.
Marta:	Was, studiert?
Vadder:	Ja ja, is Diplomlandwirt.
Friedrich:	Harst man gornich serg'n schullt Unkel Jan, hett jo nix to bedüen.
Anna:	*(Sleit de Han'n tohop, geiht rund üm Friedrich to)* Waaat, Diplomlandwirt, een Gelehrten, mööt d'r denn nu uck noch arbeit weern?
Vadder:	Dat geiht nu erst recht los Anna, nu kummt d'r noch ganz anner Swung in.
Anna:	Säh de Schipper, do gung sin Schipp ünner!
Marta:	Tant Anna, laß doch deine närrischen Witze!

Anna:	Ick, ick serg uck jo nix nich.
Vadder:	Friedrich, wenn du Marta dat hochdütsche Snack'n weller aflehr'n deist, wööt serg'n so bi't Arntefest rüm, denn kannst di wat van mi wünschen.
Friedrich:	Dat schall'n Wurt wän Unkel Jan!
Marta:	Da rede ich aber auch ein Wort mit.
Anna:	Nu seh' ick denn Has ers richtig loop'n; up denn Schreck kamt man all rin to ät'n, Middag is längst klor.
Vadder:	Wat gift vandaag denn good's Anna.
Anna:	Dat weeßt du doch, upgeregte Arfkensopp!

(Vörhang rünner)

Törn III.

(Vadder un Mutter kamt na Hus van Arnteball, is na 12 Uhr.
Indem se ehre Mantel un Kram utteet un weghangt, seggt Vadder)

Vadder: So Mutter, dat harn wi mal weller achter us. Ick glöw, ditt is awer dat letzte Mal, wo ick as Bur Arntefest fier'n doo.

Mutter: Wo meenst dat Vadder?

Vadder: Na ick denk, wi sünd olt noog, wi mööt nu togeb'n. Ich will de Buree verpachte'n.

Mutter: Ick gewt uck geern to, de Frag is bloß, wer ward us Nafolger, oder denkst du noch, dat Gerd dat weern schall.

Vadder: Nä, Gerd will dat uck nich, he seggt, de Kram is em to groot, he will siedeln.

Mutter: Is uck bät'r för em, denn hett he wat Eegenes. Stine un he hefft sick väl Geld spoort, de känt good togang'n kam'n.

Vadder: Ick heff an Friedrich dachd, dat is'n Bur, wi he hier her hört.

Mutter: So, is he dat, fröher säßt du doch ümmer, Bur drüff nich to väl lehrt hebb'n.

Vadder: Heff ick uck meent, awer dör dat Bispill, wat Friedrich mi hier geb'n hett, bün ick bekehrt wurd'n.

Mutter:	Denn hest jo all weller Lehrgeld hatt, Vadder.
Vadder:	Dat heff ick, awer ditt letzte Lehrgeld makt mi Spaß.
Mutter:	Wenn Friedrich nu awer nich in diese Gegend blieb'n will? Sin Öllern känt uck in Hollsteen wat för em in Utsicht hebb'n.
Vadder:	Weer ja licht möglich, awer wi wööt morg'n jo na Hollsteen hen un sin Öllern besök'n, denn känt wi dat jo mit ehr besnack'n.
Mutter:	Dat weer't Beste woll. Ich heff ümmer diss'n Sömmer so'n stille Hapnung hatt, van Friedrich un Marta schull'n Poor weern, de beid'n verstaht sick doch good, awer dor is sonst woll nix in'n gang'n.
Vadder:	Dachd heff ick dat uck, awer seggt heff ick nix, as Ehestifter versök ick mi nich to'n tweet'n mal weller, dor heff'k min Lehrgeld för betaalt.
Mutter:	Nä, up kin'n Fall wat mark'n lat'n.
Vadder:	Up'n Arnteball is di uck woll nix upfull'n?
Mutter:	Nix nich, danzt hefft se jo väl mit'n anner, awer nix mehr as mit Stine un Greet un umgekehrt mit Gerd un Hinnerk.
Vadder:	Denn is dat woll nix, möt wi us ut'n Kopp slan. *(Geräusch achter de Bühne. Marta un Friedrich kamt rin)*
Marta:	Süh dor, Vadder und Mutter noch nich to Bett, dat is jo moje, känt wi jo noch'n Wurt schnack'n.
Mutter:	Wat Marta, Dirn, schnackst du plattdütsch?
Vadder:	Wi kann't angahn!

Friedrich:	Dat hei ji mi to verdank'n. Ick hefft ehr weller bibrocht. Man nu Unk'l Jan much ick di an din Verspräk'n erinnern!
Vadder:	An min Verspräk'n?
Mutter:	Ja ja Vadder, ick weet all wat Friedrich meent. Gliek denn erst'n Dag wo he kem hest du to em seggt, wenn he so bi Arntefest rüm Marta dat Plattdütschsnack'n weller lehrt har, kunn he sick wat van di wünsch'n.
Friedrich un Marta:	Stimmt!
Vadder:	Dor har'k nich weller an dachd, na, wat ick versprak'n heff, hol ick uck, wat wullt denn hebb'n, grön'n Slips oder'n Brun'n Mantel. *(Marta un Friedrich lachen)*
Friedrich:	So billig kumst d'r nich aff Unk'l, ich wünsch mi mehr!
Vadder:	Noch mehr, schallt denn'n Auto wän?
Friedrich:	Mehr mehr, Unk'l Jan!
Mutter:	Junge büst du dördreiht, wat fallt di in?
Friedrich:	Na, Spaß bi Siet, Unk'l un Tant, ick wünsch mi jo Marta as Froo!
Vadder un Mutter:	*(Erstaunt)* Büst du denn mit Marta eenig?
Friedrich un Marta:	Dat sünd wi jo all lang'n!
Mutter:	Un dor hest mi nix van seggt?
Marta:	Nä Mutter, dat schull'n Äwerraschung wän.
Vadder:	Dat hei ji uck richtig klor kräg'n, wer har dat dachd. Wat sergt wie dor denn to Mutter?

Mutter:	Dor sergt wi mit Freid'n ja to.
Vadder:	Dat meen ick uck, us'n Seg'n hebbt ji Kinder! *(ümarmt sick)*
Vadder:	Darüm snackst du Döwelsdirn weller plattdütsch.
Marta:	Dat will Fiet jo so, un wat de seggt, mööt ick jo doon, Fiet hett jo studeert.
Vadder:	Heet de nu up Mal Fiet?
Marta:	Ja, Friedrich is mi to lang!
Mutter:	Denn heest du nu woll Mart?
Friedrich:	Nä, ick bün nich för so'n kört'n Nam, ick heet ehr van Knusperhäseken!
Alle:	*(Lacht)*
Mutter:	Denn paß man up Marta, dat he di nich ganz upknuspern deit.
Friedrich:	Ick will mi wohrn, denn har'k jo nix mehr. *(Lacht)*
Vadder:	Ick sla vör, dor nehmt wi noch'n lüttjen up Kinder!
Alle:	So'n Vörschlag let sick hörn! *(Marta geiht üm de Eck un halt Beer)*
Mutter:	Wat din Öllern dor nu woll van sergt Friedrich?
Friedrich:	De ---- nehmt ehr man'n Bild van Marta mit, denn sergt se all nix mehr.

Vadder:	Friedrich is jo olt noog Mutter, de möt jo sülms weet'n wat he will.
Mutter:	Na ja, ick meen man, so wiet van to Hus weg.
Friedrich:	Och Mutter, hier is jo use ole Heimat!
Marta:	So, hier is Beer!
Vadder:	Denn wööt wi all tohop anstööt'n up eene glückliche Tokunft. Proost Kinder.
Friedrich un Marta:	Proost proost Vadder un Mutter. *(Gerd un Stine kamt rin)*
Gerd:	Hier geiht jö noch recht vergnöögt her.
Vadder:	Ji kamt jüs to recht'r Tiet, wi fiert hier Verlobung.
Stine:	Heff ick't nich seggt Gerd, dat d'r wat in'n Gang'n weer! Na, denn väl Glück uck! *(Geft sick all de Hand)*
Gerd:	Denn wööt wi use Verlobung uck man glieks bekannt geb'n wat Stine?
Stine:	Ick serg nich van nä.
Alle:	Hurra, hurra, väl Glück, väl Glück *(Geft sick weller de Hand)*
Vadder:	Na Kinder, bät'r harn wi dat Arntefest doch nich beslut'n kunnt. *(Hinnerk un Greet kamt rin, Tant Anna achterna)*
Hinnerk:	Wat is hier noch los?
Vadder:	Hier ward'n Duppelverlobung fiert, Hinnerk!

Hinnerk:	Denn fiert wi mit, Greet un ick hefft us uck verlobt!
Vadder:	Wat is dat? Mit fiern känt ji geern, man jo Verlobung ward noch nich för sünftig ansehn, dor snackt wi na Johrn mal weller äwer.
Anna:	Dat is rech Jan, säcke Halfstarke, wat de woll meent, bün extra achter ehr angahn, dat se man kin Dummheit'n mak'n deen.
Greet:	Snack man nich Tant Anna, wenn du man'n Brögam krän'g harst up'n Ball, weerst lang'n nich achter us an lop'n.
Anna:	Nu hört bloß so'n Krupptüch an, na, de schält woll noch in'n Verstand rin wass'n (*Anna grootleert de Verlobten Hinnerk un Greet uck*)
Vadder:	Hinnerk hal noch Beer!
Hinnerk:	Ja ja! (*Sett sick all hen*)
Anna:	Wat nees is mi dat awer nich.
Mutter:	Hest du dat denn wüßt Anna.
Anna:	Heff ick doch jo glieks seggt, wie Friedrich kem, nu seeg'd ick denn Has awer richtig lop'n.
Friedrich:	Tant Anna is woll'n Nääg'noog, de kann woll in de Tokunft kiek'n. (*Hinnerk kumt mit Beer rin*)
Anna:	Dat nu jüs nich min Jung, man wer acht Brögams hatt hett, ward etwas hellsichtig in söcke Saak'n.
Hinnerk:	Tant Anna kann'n Düwel danzen sehn!
Anna:	Wenn du danzen deist Hinnerk, seh ick een. (*Lacht*)

Vadder:	Nu mal'n Ogenblick Ruhe!
Gerd:	Ruhe! Us Bur will red'n!
Vadder:	Groode Rede will ick nich hol'n, bloß'n poor Wöör serg'n. Leewe Husgenossen! Wil use Husgemeenschaft sick nu bold ganz veränner deit, ick äwergew nächsten Fröhjohr de Buree an min'n tokünftigen Sweegersähn, Mutter un ick treckt ut, Gerd un Stine willt heirat'n, verlaat us uck, somit sünd wi hier to'n letzten Mal an'n Arntedag in disse Husgemeenschaft tosam'n. Dorüm meen ick, is dat woll anbrocht, hier ünner us so'n lüttje Nafier to veranstalt'n.
	(Alle bravo, bravo)
	Todem sünd hier twee Brutpoore, un wenn wi vanambt mal'n Utnahme gell'n lat'n willt un Hinnerk un Greet mittellt, sogar dree Brutpoore ----
Hinnerk:	Dree un'n half, Bur!
Vadder:	Wi meenst dat Hinnerk?
Hinnerk:	Tant Anna tellt doch as half Brutpoor!
Anna:	Du Snöttbort tellst bloß vörn Viertel!
Alle:	*(Lacht)*
Friedrich:	Ruhe!
Vadder:	Dorüm will ick jo all dat Beste wünschen un jo dank'n, dat ji hier ümmer jo ganze Kraft insett hefft, denn wi hefft hier mit us poor Mann würklich väl schafft. Dat ditt up diss'n Hoff in Tokunft uck so blieb'n deit, dorup lat us en Glas drink'n. Prost alltohop!
Alle:	Prost Bur, prost Froo Burin *(drinkt)*

Vadder: Un nu lat us noch en Arnteleed sing'n, Friedrich stimmt an.

Alle: Ja sing'n, sing'n.

Friedrich: Denn man to! *(singt alle)*

               (Melodie: Hans un Greet de leewden sick)

1.   Vandagen drinkt wi Arntebeer,
     de Arnt is ünner Dack;
     De Freide de begeet wi hier,
     spöölt us de Lewer natt.
     Kum her Angreet un danz mit mie,
     du büst 'ne sööte Dirn.
     De Gläser vull stööt an mit mi,
     vandaag wöt wi mal fiern!

2.   De Arntetiet, ja de is stur,
     dat kumt d'r woll up an.
     Doch meiht vörup denn use Bur,
     denn deit man wat man kann.

3.   Fröhmorgens, wenn de Kreihhahn kreit,
     denn fangt all an us Dag;
     un wenn dat ümmer furt so geiht,
     dann krigt man düchtig Schmach.

4.   Doch wi hefft eene goode Froo,
     de kakt 'nen gooden Pott;
     de schlutt us nich dat Brotschapp to,
     hier krigt man, wat man mott!

5.   Doch gift dat oft uck manchen Jux,
     dat hört d'r so mit to;
     us Hinnerk keek dat Hemd dör d' Büx,
     en langen Strapp, süh so!

6. Us Stine leeg an'n Roggenhock,
   in'ne Middagsstun'n in'n Däs.
   Us Hinnerk kreeg en Grashalm up,
   un kedd'lt ehr in de Näs.

7. Wenn denn so'n hartlich Lachen klingt,
   denn ward de Arbeit licht.
   Hei wi denn swungt, hei wi denn blinkt,
   in de Sün'n de blanke Sicht!

8. Nu lacht un danzt un drinkt kluck kluck,
   dat Beer is natt un kloor.
   Denn kriegt ji Moot, denn kriegt ji Muck,
   nu för een widert Johr!

(Kum her Angreet usw. hört achter jeden Vers, dorbi känt eenige Poore dan-
zen, bi de beiden letzten Verse danzt Tant Anna mit'n Bessen. Beer hal'n
deit ümmer Greet na Bedarf.)

Alle:	*(Klappt in'ne Han'n)* Dat hei wi mal good makt!
Hinnerk:	Tant Anna hett awer'n mojen Brögam! *(Lachen)*
Anna:	Dor wohr di man för, de hett Hoor up de Tän'n. *(Strickt em mit'n Bess'n dört Gesicht)*
Hinnerk:	Dat is jo'n gräsig'n Rugsnut!
Anna:	Jaaa, dat is woll nix för so'n Melkbort. *(Lachen, prost Tant Anna, prost Tant Anna)*
Anna:	Wenn Hinnerk man nich dun ward?
Hinnerk:	Ick, ick sup jo all ünnern Disch!

Alle:	*(Lachen)*
Gerd:	Ruhe! Ick bitt üm't Wurt!
Vadder:	Geerd het't Wurt!
Gerd:	Bur un Burin, un ji andern all. Ick bün jo kin Redner, ----
Hinnerk:	Denn holl din Mul!
Vadder:	Ruhe! Gerd het't Wurt!
Gerd:	Ick wull awer doch eenige Wöör serg'n, denn ick bün jo de-jenige, de van de Gefolgschaft am längsten hier up'n Hoff wän is. Us Bur het us sin Dank utsprak'n, dat wi hier ümmer fliedig wes'n weern. Bur Grashoff, dat weer use Pflicht un Schulligkeit, denn wor man so mit to'r Familje hört wi hier, wor'n Burin up'n Hoff, de us so good verplegt wi hier, denn ward de Arbeit mit Freid'n daan. Un so is dat hier ümmer wän, dat kann ick beurdeeln, denn ick bün nächsten Fröhjohr tein Johr hier un darüm spräk ick woll in aller Sinn, wenn ick hierför us'n Bur un sin Froo us'n Dank utspräk.
Alle:	Bravo!
Gerd:	Un so stimmt all mit in, use Bur un use Froo Burin schält leb'n hoch, hoch, hoch!
Gerd:	Prost Bur, prost Froo Burin.
Alle:	Prost, prost, prost. Gerd de kann good red'n *(drinkt)*
Alle:	Singen, singen!
Mutter:	Friedrich un Marta känt jo mal en sing'n!

Friedrich:	Wat meenst Marta, wenn Mutter dat wünscht, möt wi dat woll don!

Marta:	Van min'n weg'n kann't losgahn!

Friedrich un Marta singt: *(Melodie: Grüß dich du Land am Meer.)*

1. Märzluft un Sünneschien,
    drögt usen Acker.
    De is nu winterfin,
    mullig un locker.
    Wenn denn de Buren seiht,
    is dat 'ne Herrlichkeit,
    Buree dat is de erste Stand,
    Buree schafft Brot un Leben!

2. Beamte möt d'r wän,
    Handwark un Fischer.
    Soldaten un Kaptän,
    Kooplü un Dichter.
    Wenn denn de Buren plöögt,
    denn sünd se all vergnögt.
    Buree, dat is de erste Stand,
    Buree schafft Brot un Leben!

3. Un is de Frucht denn riep,
    swoor hangt de Öhren,
    denn heet dat, Bur nu griep,
    lat di nich stören.
    Is denn prallvull de Schür,
    denn hefft wi Arntefier.
    Buree, dat is de erste Stand,
    Buree schafft Brot un Leben!

(De Refrain ward van allen sung'n)

Alle:	*(Klappt Bifall)* Bravo, prost.
Anna:	De beid'n möt Opernsänger weern!
Marta:	Wer weet, wat d'r noch van ward. *(Lachen)*
Gerd:	Ick bitt noch mal üm Gehör!
Vadder:	Gerd het't Wurt.
Gerd:	Ick much jo woll so'n lüttje Begebenheit vertell'n, de hier up'n Hoff mal passeert is. Ji weet jo all, nä doch nich, all känt ji't nich weet'n, awer us Bur un de Froo Burin un uck Tant Anna känt betüg'n, dat ick mi fröher nix ut de jung'n Dirns makt heff, nie een sogenannte Fründin hatt heff.
Mutter:	Dat is gewiß un wohr Gerd!
Anna:	Dat kann ick nich betüg'n, ick kann woll betüg'n, dat he mi in Ruh lat'n het.
Hinnerk:	Dat genügt us Tant Anna, wer di nich beacht'n deit, het kin Sinn för weibliche Reize!
Alle:	*(Lacht)*
Anna:	Hinnerk, büst du krank, du warst jo so witt üm de Näs?
Hinnerk:	Ick, ürk, ürk, *(hollt een Taschendook vörn Mund)* ick heff mi verslak'n!
Anna:	Hest to väl slak'n, na dat seh ick.
Hinnerk:	Ürk, ürrk, ürrrk!

Greet:	*(Springt to un bringt em na de Dör hen)* Gah man ämp an'ne frische Luft!
Hinnerk:	Ürk, ürrk, ürrrrk! *(Ab)*
Greet:	*(Geiht weller na ehrn Platz)* Kann angahn, dat'n Minsch schlecht ward!
Alle:	*(Lachen)*
Vadder:	Dat is man'n Äwergang, Greet!
Anna:	He het vergät'n, woväl Glas he drunk'n het, nu mett'd üm un tellt se!
Alle:	*(Lachen)*
Vadder:	Vertell wieder Gerd.
Gerd:	Ja, nu weer dat för fief Johr, wi Stine hier in Stellung kem.
Alle:	Aha, ahaaaa!
Gerd:	Hier is nix to ahaaa, ick wull bloß serg'n, dat in denn Söm-mer de Stickbeer'nstrük so vull dräg'n deen.
Mutter:	Dor hett Gerd recht an!
Gerd:	Ja, un do harn de Froonslü dat dor so drock mit, jeden Dag inkak'n. Toletzt weern all Pött un Glös vull, man de Stick-beern weern nich all un wurd'n nich all. Do sä us Froo to us, wi schull'n man so väl Stickbeer'n plück'n, as wi ät'n kun'n, se kun'n denn Seg'n nich bewältigen. Na, dor mak'dn wi denn uck fliedig Gebruk van. So gung ick uck een's Daags na Fieramb an de Stickbeer'n ran. Ick har mi en'n Struck markt, de stund so verstäk'n, dor seet'n so dicke sööte an. Wi

ick nu ran kam, sitt Stine dor all platt up de Eer bi un plückt uck.

Stine: Dat schast nich vertell'n Gerd!

Alle: Utsnack'n laat'n!

Gerd: Is jo nix schlimmes Stine, süh, so schnackt wi denn'n bät'n tohop un twüsch'ndör plückt un kaut wi ümmerto. Up eenmal springt Stine mit'n Juchschree up

Stine: Holl up Gerd, wieder nich!

Gerd: un haut mit de Röck üm sick to, un schüdd'lt un deit, up eenmal roppt se: Gerd help mi, Miegimkers, Miegimkers! Un do seh ick dat jo, Stine har mit ehr Achterquartier in'n Miegimkennest sät'n.

Alle: *(Lachen)*

Gerd: Na, ick sprunk uck jo flink to, un beklopp ehr rundüm.
Man dat hulp nich väl, dor weern all toväl na binn'n krap'n un de kun ick jo nich affwehr'n.

Alle: *(Lachen)*

Gerd: Dat dachde Stine uck woll, denn up eenmal huschde se aff in ehr Kamer rin. Süh, un van de Tiet an kreeg ick ers'n Blick vör en weiblich Wes'n, denn de Dirn har jo'n poor Been'n, as wenn't Eek'nholt weer.

Alle: *(Lachen)*

Gerd: Prost Stine!

Stine:	Ick stööt nich mit di an!
Marta:	Stine, du wullt doch woll kin Spaßverdarwer wän?
Stine:	*(Stött mit Gerd an)* Prost du groode Sleev!
Gerd:	Prost Stine, prost All! *(drinkt)* *(Hinnerk kummt rin, sett sick up'n Platz)*
Vadder:	Wer weet nu noch wat besünders, rut d'r mit!
Anna:	Hinnerk is krank, denn is d'r woll nümmst mehr.
Hinnerk:	Ick bün nich krank, ick har bloß wat in'ne Luftröhr kräg'n.
Anna:	Nä nä Hinnerk, du harst toväl in'n Mag'n kräg'n!
Greet:	Du mößt ümmer wießnäs'n Tant Anna!
Anna:	Ick ick serg doch jo rein nix nich!
Vadder:	Los, wer weet noch wat?
Mutter:	Tant Anna, du kannst doch so'n Gelegenheitsgedicht ut de Luft griep'n, lerg doch mal los.
Alle:	Ja ja Tant Anna los, los, los!
Vadder:	Tant Anna hett't Wurt!
Anna:	Na, wenn ji dat denn all meent, dor dröff mi awer nümms twüsch'n snack'n!
Alle:	Nä nä, wi sünd muschenstill!

Anna: *(Deklamiert)*
Dor weer is mal so'n grön'n Jung,
hört up denn Namen Hinnerk.
He is jo wieder jus nich dumm,
bloß üwerdorig, wunnerk!

He drinkt all fliedig Beer üm Beer,
he denkt uck all an free - en.
Dat smeckde ümmer em na mehr,
toletzt doch müsse sick spee - en!

Min Jung, dat gifft sick mit de Tiet,
wenn dröög erst sünd din Ohren.
Din Lief gewöhnt sick noch an Sprit,
mößt bloß de Tiet afluren!

Laat darüm sack'n nich denn Moot,
büst sonst jo fix un krägel.
In een Deel büst jo nu all grood,
du büst jo'n grooden Esel!

Alle: *(Klappt Bifall)* Bravo!

Friedrich: Dat weer'n Ritt mit scharpe spoor'n!

Marta: Tant Anna schall leb'n hoch, hoch, hoch!

Alle: *(drinkt)*

Hinnerk: Tööf man, dat hett se awer nich ümsünst daan.

Greet: Mak du uck doch'n Spottgedicht up Tant Anna, Hinnerk!

Hinnerk: Dat kann ick doch jo nich, dor friew ick ehr gelegentlich en för an!

Alle: *(Lachen)*

Greet:	Un ick, --- un ick, smit ehr'n Handvull Brusepulver in'n Nachtpott!
Alle:	*(Lachen)*
Vadder:	Ruhe! Ick denk, wi makt nu Schluß, de Klock geiht up een. Todem mööt Mutter un ick morg'n na Hollsteen un Friedrich sin Öllern besök'n.
Mutter:	Un Tant Anna möt währenddem bät'n hüslich wän as Anstandswauwau.
Anna:	För Hinnerk un Greet äwernehm ick kine Verantwurtung!
Hinnerk un Greet:	Wi uck nich för di!
Mutter:	Un denn sorg vör'n good'n Middagspott, Anna!
Hinnerk:	Wat kakst morg'n Tant Anna?
Anna:	Wenn wi us weller verdräg'n willt, denn kak ick morg'n din Leibgericht, gröne Bohnensopp.
Hinnerk:	Denn is't all weller in Loot Tant Anna!
Vadder:	Nun to'n Schluß noch een Rundgesang un denn martz in de Klapp! *(Alle stellt sick poorwiese up, Tant Anna mit'n Bess'n)*
Mutter un Vadder:	*(Melodie: Ihren Schäfer zu erwarten)* Hoch de Tokunft, Glück un Seegen, use Marta kriegt en'n Bur. Känt wi bold nu Kinder weegen, sünd us olen Daag nicht stur. Use Nam ward wiedergahn, use Hoff ward ewig stahn.

Friedrich un Marta:	Wöt denn Hoff binander holen,
	ümmer trö tosamen stahn.
	Wöt hier warken as us Olen,
	all Johrhunderte hefft daan.
	Kinderminschen wat'n Plässeer,
	wenn doch bloß ers Hochtiet weer.
Gerd un Stine:	Wi känt kinen Arwhoff arwen.
	Wenn wi't kun'n, sää'n wi uck nich nä.
	Doch wi wird uck so nich darben,
	denn wi kriegt 'ne Siedlungsstä.
Stine alleen:	Fief ses Kinder krieg ick Gerd.
Gerd alleen:	Dat sett mi kin Knück'l in'n Steert!
Hinnerk un Greet:	Sünd vandagen jo noch nix nich,
	denn wi sünd erst säb'ntein Johr.
	Awer sünd wi fiefuntwintig,
	denn weerd wie een Ehepoor.
	Na de Heide steiht us Sinn,
	haut de Hack in't Moor herin.
Anna singt:	O, min Hart dat gleiht wi'n Fürkööhl.
	Awer doch krieg ick kin Mann.
	Ick möt bold woll up de Jungmöhl,
	dat ick weller danzen kann.
	Denn danz ick in nee Schooh,
	denn weer 'k uck noch junge Froo!
Alle singt:	Burenleben dat heet Arbeit,
	Burenleben is oft Not.
	Burenleben is kin Narrheit,
	denn wi warkt för't leewe Brot.
	Deit de Eer sick ewig dreihn,
	wööt wi Buren ewig seihn!
	Juvi juvi juvi vallerallera
	Juvi juvi juvi vallerallera!

(Dat Juvi vallerrallera hört achter jeden Vers
un kann uck van all'n tohop mitsung'n weern.)

S c h l u ß !

H. Grimm.

WÖRTERBUCH

Friesisches Plattdeutsch	Hochdeutsch
ämb, em, hüm	ihm, ihn
äw'rhopt, överhoopt	überhaupt
afflur'n	abwarten
Arfken	Erbsen
Arfkensopp	Erbsensuppe
Arntefest	Erntedankfest
Arwhoffbur	Erbhofbauer
awer, aver	aber
äwer, över	über
Bess'n, Bessen	Besen
Bispill	Beispiel
blifft	bleibt
Brood	Brot, Lebensunterhalt, Nahrung
Bröör, Broor	Bruder
Brotschapp	Brotschrank
Brut, Bruud	Braut
Büx	Hose
Bur, Buur	Bauer, Landwirt
Burdern	Bauerstochter
Buree, Buurderee	Bauernhof
dartig	dreißig

datsülwige, datsülvige	dasselbe
doo, doon	tue, tun
Dör	Tür
Draaf, Drafft	Trab
Düwel	Teufel
dumm Tüch	dummes Zeug
Eer	Boden, Erde
Eek'nholt, Ekenholt	Eichenholz
En'n, Enn	Ende
fief, fiev	fünf
fiefuntwintig, fievuntwintig	fünfundzwanzig
fier'n	feiern
Fööt	Füße
Fork'nstehl	Mistgabelstiel
Freeeree	Freierei, das Heiraten
Froo	Frau
wat gift?	was gibt's?
glieks	gleich, sofort
glööfst du	glaubst du
glöw	glauben
gorkin	gar kein
grood, groot	groß
harn, hebben	haben
Hartenssaak	Herzenssache
hengahn	hingehen, verrinnen (Zeit)

hochdütsch	hochdeutsch
Hochtiet, Hochtied	Hochzeit
Hönnigpott	Honigtopf
holl din Mul	halt deinen Mund (sei still)
ji	ihr, sie, Sie
Johrtein	Jahrzehnt
kaken	kochen
Kalwerstall	Kälberstall
kedd'lt, kiddeln	kitzeln
Kinner	Kinder
klook	klug
Kooplü	Kaufleute
Koppkehlt, Koppsehr	Kopfschmerzen
Krupptüch	Kroppzeug
Kummedi in dree Törns	Komödie in drei Akten
Lammersteert	Lammschweif oder unruhiger, lebhafter Mensch
sin Leew un Daag	mein Lebtag
am leevsten	am liebsten
Lägner, Löögner	Lügner
de Lüü	die Leute
Mallör, Malöör	Unglück
Meß	Dünger, Mist
Meßfal, Meßfolt, Messeng	Misthaufen
Meßeldör	Mistluke
Meßstreen	Miststreuen

Middagät'n	Mittagessen
Melkkalwer	Milchkälber
Moot, Mood	Mut
Muck	wunderlicher Einfall, Becher
Mul, Muul	Mund, Maul
Näs, Nöös	Nase
Nafier	Nachfeier
nee, neei	neu
Öllersünnerscheed	Altersunterschied
Ol'ndeel	Altenteil
Määr	Pferd
Pangschonsdochter	Pensionstochter
dat Peerd, de Peer	das Pferd, die Pferde
plöögt, ploogt	pflügen
Porg, Pogg	Frosch
Porg'ndiek	Froschteich
püssert, passeert	passiert
Quant	Spaßvogel, Fuß
rinnrop'n	hereinrufen
Roggenhock	die Hocke *(zum Trocknen zusammengestellte Getreidegarbe)*
rut	hinaus, heraus, hervor
Saak	Sache, Angelegenheit
säb'ntein, söventeihn	siebzehn
Schooh, Schoh	Schuhe
Schür, Schüür	Scheune

het se seggt	haben sie gesagt
un ick sergt	und ich sage
schull'n, schölen, solen	sollen
Schulligkeit, Schülligkeit	Schuldigkeit
slaak'n, sluken	schlucken
Sleev	Tölpel, Suppenkelle, Kochlöffel
snackt	sprechen
Sniebohnen	Schnibbelbohnen
snoben, snobt	schnuppern oder naschen
soväl	so viel
söcke, sülke, sükse	solche
Stadtpangschon	Stadtpension
stäsch, steedsk	störrisch
Steert	Hintern (Hinterteil)
Stickbeern, Stiekelbejen	Stachelbeeren
Stinkhoop	Stinkhaufen
Strapp	Streifen, Riemen
Strümp	Strumpf
sööt	süß
süh, süh!	sieh, sieh mal!, siehe da!
sülms	selber, selbst
Süster	Schwester
Surkohl	Sauerkraut
Tied	Zeit
tööf, töven	warte, warten

togreep	zugreift
togriepen	zugreifen
tohop, tohoop	zusammen
torürgtreck'n	zurückziehen
trecken, treckt	tragen, trägt
twüschen	zwischen
ümsünst, umsünst	umsonst
Ünnerscheed	Unterschied
Unk'l, Unkel	Onkel
untrö	untreu
Utnahm	Ausnahme
Vadder	Vater
verarw	vererben
vertellen	erzählen
Vagels	Vögel
vandag, vandaag	heute, heutzutage
vertellen	erzählen, berichten
in'n Vörut	im Voraus
vörhen	vorhin
warkt, warken	arbeiten
weller	wieder
wietlüftigen, wiedlopig	weitläufigen, weitläufig
witt	weiß
Wöör	Lärm, Unruhe
Wurt	Wort

Ohne Gewähr.

61

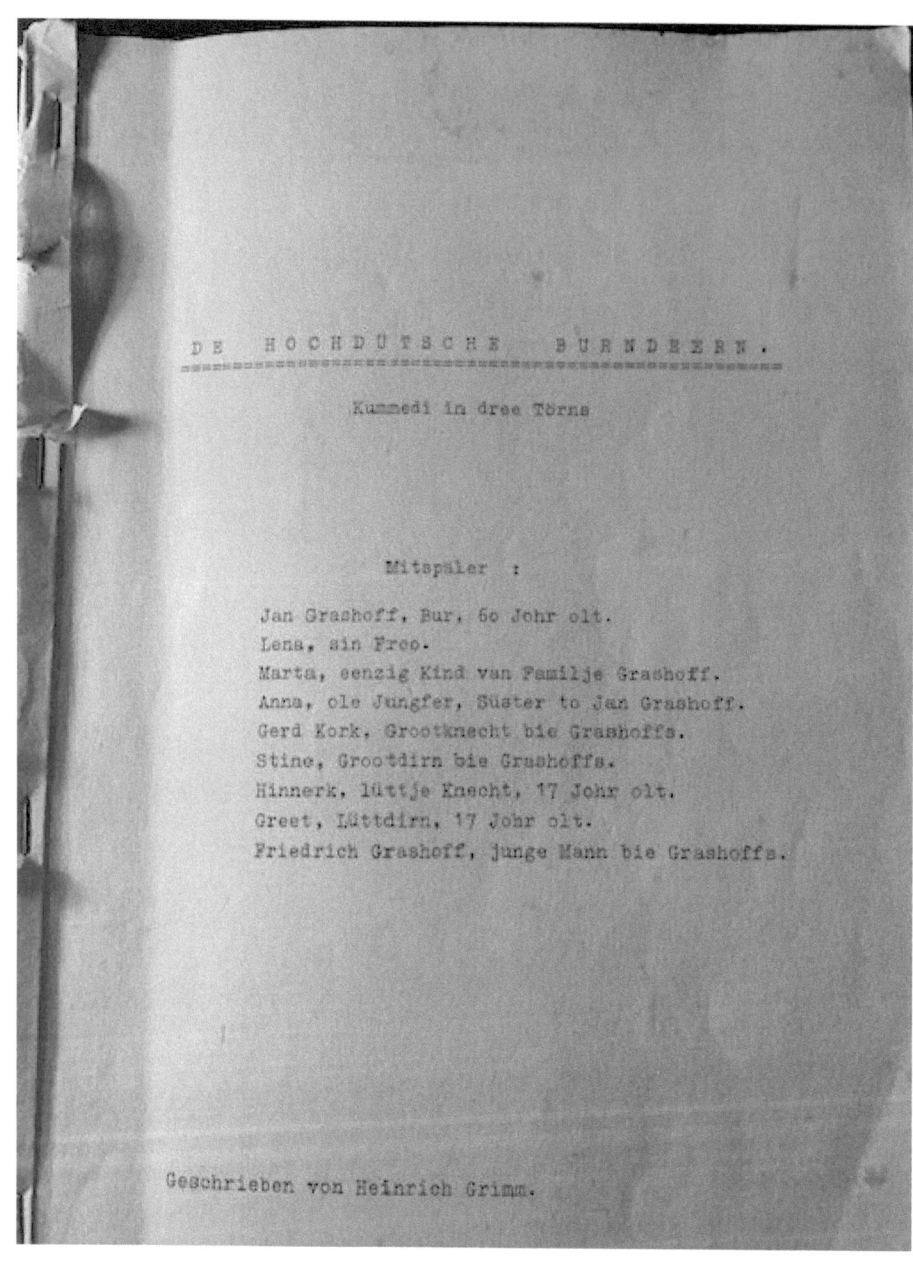

DE HOCHDÜTSCHE BURNDEERN.

Kummedi in dree Törns

Mitspäler :

Jan Grashoff, Bur, 6o Johr olt.
Lena, sin Froo.
Marta, eenzig Kind van Familje Grashoff.
Anna, ole Jungfer, Süster to Jan Grashoff.
Gerd Kork, Grootknecht bie Grashoffs.
Stine, Grootdirn bie Grashoffs.
Hinnerk, lüttje Knecht, 17 Johr olt.
Greet, Lüttdirn, 17 Johr olt.
Friedrich Grashoff, junge Mann bie Grashoffs.

Geschrieben von Heinrich Grimm.

Titelseite des Manuskripts